AF312218

15 Mai 1908

Collection MORSENT

Mᵉ E. ORIGET
COMMISSAIRE-PRISEUR

M. LE MAIRE DEMOUY
EXPERT

IMPRIMERIE MAULDE ET Cie

MAULDE, DOUMENC ET Cie
Imprimeurs de la Compagnie des Commissaires-Priseurs
Rue de Rivoli, 144

CATALOGUE

SERRURES

Clefs, Cadenas

HEURTOIRS, BOUTONS DE TIRAGE, VERROUS

TARGETTES, LOQUETEAUX

Platines, Pentures, Passe-Partout, etc., etc.

DES

XIVᵉ, XVᵉ, XVIᵉ XVIIᵉ & XVIIIᵉ Siècles

Composant la Collection de Feu M. MORSENT

DONT LA VENTE AURA LIEU

HOTEL DROUOT, SALLE Nº 10

Les Mercredi 13, Jeudi 14 et Vendredi 15 Mai 1908

A 2 HEURES

PAR LE MINISTÈRE DE

Mᵉ E. ORIGET, *Commissaire-Priseur*

3, Boulevard de Sébastopol, 3

Successeur de MM. D'HOUDAIN et Paul FOURNIER

ASSISTÉ DE

M. LE MAIRE DEMOUY, *Expert*

64, Passage du Caire, 64

Chez lesquels se trouve le présent Catalogue

EXPOSITION PUBLIQUE

Le MARDI 12 MAI 1908, de 2 heures à 5 heures

PARIS-1908

CONDITIONS DE LA VENTE

La vente se fera **au comptant**.

Les Acquéreurs paieront **dix pour cent** en sus de adjudications.

L'Exposition mettant le public à même de se rendre compte des Objets, il ne sera admis aucune réclamation une fois l'**adjudication prononcée**.

Maulde, Doumenc et Cie, imprimeurs de la Cie des Commissaires-Priseurs, rue de Rivoli, 114.   2000—47797

Collection de M. MORSENT

La Collection de pièces de serrurerie, à laquelle M. Morsent a consacré trente années de recherches, constitue un des documents les plus importants sur l'art du serrurier du XVIe siècle à la fin du XVIIIe siècle.

Par le soin qu'il a apporté dans le choix des différents types composant sa collection : serrures, clefs, cadenas, heurtoirs et menus objets de fine serrurerie, M. Morsent s'est montré aussi érudit qu'homme de goût.

Architecte, il lui a été donné, soit dans des travaux de restauration, soit dans ses voyages d'étude, de recueillir et de collectionner, après un contrôle qui n'a pas été fait sans maintes éliminations, toute une série de pièces témoignant de l'habileté professionnelle et du sentiment artistique de nos anciens maîtres serruriers.

On sait combien étaient recherchées leurs œuvres, de quelle réputation elles jouissaient même en dehors du pays de France.

Depuis le XIVe siècle, on constate la recherche de la décoration dans les objets les plus usuels ; bien entendu, cette décoration s'inspire de l'esprit religieux de l'époque, mais le XVIe siècle arrive, la période de la Renaissance commence, tous les arts se perfectionnent au contact des artistes venus d'Italie.

La serrurerie s'affirme, tout en conservant son caractère d'origine, les serrures, les clefs perdent les proportions gigantesques du Moyen-Age, où elles paraissaient alors, plus faites pour des maisons de force, que pour des châteaux ou des demeures privées. La sécurité publique augmentant, la défense du « home » devient moins brutale.

Les serrures, les clefs, toutes les pièces de serrurerie sont chargées de fins ornements, l'or et l'argent y sont introduits sous forme de damasquinages. On ne demande plus à la seule robustesse du métal la garde du foyer, du bahut, du coffre, les multiples combinaisons des serrures et des clefs les rendent inviolables.

L'habileté des artisans français crée de petites merveilles, et cette perfection dans la forme et l'exécution ira toujours en augmentant jusqu'à la fin du XVIIIe siècle, époque à laquelle la Révolution et les longues guerres qui suivirent, dispersèrent ou anéantirent les artistes industriels de la fin du précédent siècle.

La collection Morsent marque les différentes étapes de l'art du serrurier; nous y trouvons une ancienne serrure n° 2, de Notre-Dame de Paris, chargée de délicats rinceaux du XVe siècle, une autre serrure du commencement du XVIe, n° 47, dont le palastre est orné d'une architecture gothique avec statuettes de personnages se découpant sur un fond marouflé de velours cramoisi.

Les difficultés que présente l'emploi du fer suscitent la recherche d'une nouvelle décoration, nous en trouvons un échantillon dans une très belle serrure du XVIe siècle, ornée d'arabesques enlevées et gravées en plein fer, une serrure, n° 6, toute une série de verrous et de loqueteaux provenant de l'hôtel des Évêques de Sens, à Paris, donnent bien le sens de la nouvelle ornementation de l'époque.

Une grande serrure, n° 33, se distingue par des

incrustations d'argent sur fond doré avec armoiries et figures en relief ciselées sur argent ; une autre serrure de coffre, n° 51, du debut du XVIIe siècle est remarquable par l'emploi de la damasquine d'or et d'argent sous forme de paysage.

Une serrure de la même époque n° 36, ornée d'entrelacs et d'armoiries sur fond d'or, nous fixe sur la provenance de ces pièces ; elle porte comme les précédentes une contre-plaque finement ciselée et gravée avec la marque de Paris.

Une série de serrures allemandes ou dans le genre allemand, nous montre la forme, les systèmes et l'ornementation usités par les artisans d'Outre-Rhin des XVIe et XVIIe siècles ; l'une d'elles en acier est décorée d'épargnes bleuies dont Mathurin Jousse a donné le procédé dans son livre sur l'art du serrurier, publié en 1623.

Parmi les serrures du XVIIe siècle, une n° 59 avec figures allégoriques des saisons en argent, se distingue par sa décoration en filigrane.

Une serrure de grande allure, aux armes de France, marque l'époque de Louis XIII, elle porte, gravée sur la contre-plaque, sa destination : Jardin du Roy (n° 49).

Une serrure de coffre signée L. Dufour, véritable chef-d'œuvre de maîtrise, donne une haute idée de la perfection atteinte vers le milieu du XVIIIe siècle.

Cette serrure, en fer poli, est munie de deux morailllons absolument dissimulés dans l'architecture générale : le fronton est gravé et représente l'intérieur d'une forge, tous les détails de construction, palastres, contre-plaque, têtes de vis sont d'un fini d'exécution remarquable. La contre-plaque et le secret restés inachevés, laissent à supposer que l'artiste est mort sans avoir pu terminer son œuvre.

Nous trouvons, du XVIIIe siècle, également une porte de coffre de sûreté ornée de motifs de bronze et d'un cartouche sur lequel on lit : A Très Aimée Souveraine, vestige de quelque mobilier galant de la Régence.

La fin de ce siècle est représentée par une délicate serrure en fer noirci avec cadre et palmes en argent ciselé elle porte la mention « Fecit 1783 » (n° 73).

Le XIXe siècle est représenté par une unique pièce. La serrure de sûreté destinée à la chambre de Napoléon Ier à St-Cloud (n° 74).

Dans un préambule aussi court que doit l'être celui d'un catalogue, il n'est pas possible de signaler toutes les pièces spécialement intéressantes, surtout lorsque ce catalogue comprend plus de cinq cents numéros.

Verrous curieux, Cadenas rares, Clefs monstres et Clefs délicatement travaillées, Heurtoirs de porte d'une richesse et d'un goût parfait, menues pièces de serrurerie appliquées au mobilier, tel est l'ensemble de la collection Morsent.

Lorsqu'on l'examine on est pris d'une véritable admiration en voyant avec quel soin, quel sentiment artistique travaillaient nos anciens artisans, surtout si l'on considère qu'ils n'avaient point à leur disposition les moyens puissants de l'industrie moderne.

Leur seule main habile suivait l'impulsion de leur merveilleux esprit et créait ces petits chefs-d'œuvre que M. Morsent a patiemment recueillis.

L'importance et la valeur de cette collection lui ont valu lors de l'exposition centennale de 1900, la médaille d'or c'est assez dire l'intérêt qu'elle offre pour les véritables amateurs.

LE MAIRE DEMOUY

Désignation

SERRURES

1 — Grande Serrure à simple barre, la face ornée de personnages du moyen-âge enlevés et gravés en plein fer.

A droite et à gauche, des cavaliers ; au centre, la représentation d'un donjon avec ses défenseurs.

xive siècle.

2 — Grande Serrure à une entrée et un pène.

Le palastre encadré par une torsade en fer limé avec écoinçons d'angle, le champ doré et couvert d'élégants rinceaux et de fleurons dans le style gothique.

Proviendrait de Notre-Dame de Paris.

xve siècle.

3 — Très belle Plaque formant cache-entrée en fer
découpé et relevé au marteau, ornée de trois niches
à clochetons avec petits personnages, de frises et de
mouchettes dans le style gothique.

> Le cache-entrée, formé par un écu portant des
> armoiries, s'ouvre sous l'action d'un petit loque-
> teau dissimulé dans une découpure en trèfle placée en
> bas et à droite.
>
> xve siècle.

4 — Serrure de Coffre à moraillon, platine en fer uni
découpé.

> xve siècle.

5 — Serrure de Coffre à moraillon et cache-entrée encadrée par une moulure à fleurons découpés et bon-
trolés sur un fond de velours cramoisi.

> xve siècle.

6 — Serrure à deux entrées superposées, un pène et un
bec de canne.

> Le palastre orné de fleuronnages rapportés en
> fer repercé et gravé, avec un encadrement de
> perles.
>
> Provient de la tourelle de l'Hôtel de Sens, à Paris.
>
> Commencement du xvie siècle.

7 — Grande Serrure de Coffre à quadruple auberon.

Le palastre est encadré par une moulure à
feuilles très ouvragée et prise en plein fer.

Le fond est orné par une architecture dans le
goût antique, supportée par quatre pilastres.

Au centre, une porte simulée à deux vantaux
avec armoiries, dans le fronton une couronne de
comte.

Entre les deux pilastres, de chaque côté on voit
deux hommes d'armes en haut-relief et placés sur
deux culs-de-lampe : sur la corniche quatre personnages allégoriques en haut-relief, les fonds et les
moulures avec décor doré.

Au bas, on lit en lettres gravées :

JOAN II, *Sculpt.*

Commencement du xvi⁰ siècle.

8 — Porte de Coffre en fer (La serrure manque).

Cette porte, encadrée par une moulure à motifs
ajourés est décorée par une architecture gothique ;
entre deux pilastres à colonne torse, sur lesquels
sont dressées deux figures de clercs en demi-relief,
s'élève un gâble orné de feuilles et d'un fleuron.

Sous ce gâble un arc en tiers point repose sur
deux pilastres, entre lesquels on voit une porte à
double vantaux surmontée d'un écu d'armes.

Cette porte servant de cache-entrée à secret
s'ouvre sous la pression d'un petit ressort dissimulé
sous l'écu d'armes.

Commencement du xvi⁰ siècle.

9 — Serrure de Coffre à deux auberons, pour clef forée
en fleurs de lys.

La face est ornée d'arabesques gravées.

XVIe siècle.

10 — Serrure de Coffre à une entrée.

Le palastre est orné d'un cadre en torsade à sept
compartiments.

Celui du centre est occupé par une figure de
pèlerin en demi-relief placé sur un cul-de-lampe do-
minant le cache-entrée.

Les deux compartiments alternés sont chargés
d'une ornementation en fer découpé et relevé dans
le goût du style gothique flamboyant du XVIe siècle.

Les quatre compartiments des angles servent de
logement aux boulons de retenue ciselés en forme
de têtes de lion.

XVIe siècle.

11 — Serrure de Coffre en fer découpé, avec entrée
pour clef forée triangulaire et double moraillon
monté sur chimère.

XVIe siècle.

12 — Serrure de Coffre à trois auberons, entrée triangulaire pour clef bénarde.

Le palastre est orné d'un cadre à feuilles d'eau
et d'un écusson surmonté d'un casque en fer découpé, repoussé et gravé.

XVIe siècle.

13 — Serrure de Coffre à triple auberon, entrée triangulaire pour clef bénarde.

> Le palastre est encadré d'une piastre et le fond chargé d'ornements en fer rapporté dans le style gothique flamboyant.
>
> xvie siècle.

14 — Serrure de Bahut dans la façon allemande, à une entrée, un loqueteau et un pêne dormant.

> La platine en fer découpé est ornée de rinceaux relevés et gravés.
>
> xvie siècle.

15 — Serrure allemande à deux pênes et une entrée.

> Exécutée pour le duc de Bavière, en 1515.
>
> La boîte est ornée de deux personnages combattant, en fer découpé et gravé, sur fond en paillon doré, d'après un dessin d'Albert DURER.
>
> xvie siècle.

16 — Serrure de Bahut dans la façon allemande à une entrée et deux pênes.

> La platine est en fer découpé et gravé.
>
> xvie siècle.

17 — Serrure de Bahut dans la façon allemande à une entrée et deux pênes.

> La platine en fer découpé et gravé.
>
> xvie siècle.

18 — Grande Serrure de sûreté dans la façon allemande à une entrée, trois pènes et un loquet, avec sa gâche.

La platine est en fer découpé, les dessus des boîtes renfermant le système, sont ornées d'appliques en cuivre découpé et gravé.

xvie siècle.

19 — Serrure dans la façon allemande.

La platine, en fer découpé et étamé, est ornée de rinceaux relevés et gravés.

xvie siècle.

20 — Grande Serrure à deux entrées, avec sa gâche.

Le palastre est encadré par une architecture, comprenant deux colonnes et deux cariatides en haut relif, ies fonds sont ornés d'un paysage enlevé en plein fer et chargé de personnages en bronze ciselé gravé et doré.

La gâche comporte la même ornementation.

xvie siècle.

21 — Grande Serrure à deux entrées et double pène.

Le palastre est encadré par une très riche frise à palmettes prise en plein fer et ornée aux angles de têtes de lions en relief.

L'entrée est formée par une rosace bombée chargée d'Ornements, à droite et à gauche sur deux culs de lampe sont dressées deux figures de moines ; de la bouche de chacun d'eux sort une banderolle portant l'une le mot ADITUS et l'autre CONSERVATIO.

xvie siècle.

22 — Grande Serrure à double entrée avec sa gâche.

Le palastre est encadré d'un filet d'or, le fond
est chargé d'un paysage avec scènes bibliques en
inscrustation d'or et d'argent.

La gâche est ornée d'un palmier en or.

xvie siècle.

23 — Serrure à deux pênes et entrées opposées.

Le palastre est en fer uni découpé sur la
gauche il affecte la forme d'une couronne à fleurons.

xvie siècle.

24 — Serrure de Coffre avec son moraillon en forme de
colonne toscane.

La platine est ornée d'arabesques damasquinées
en argent, le haut et le bas se terminent par un motif
ajouré.

xvie siècle.

25 — Serrure de Coffre à moraillon.

La platine à contours est encadrée par un filet
de cuivre rouge inscrusté et le fond est couvert d'un
treillis en fil d'argent, sur lequel reposent des guir-
landes de fleurs en cuivre rouge rapporté et
ciselé.

Fin du xvie siècle.

26 — Serrure à moraillon en fer découpé et gravé.

xvie siècle

27 — Serrure de Coffre à moraillon.

La platine est ornée en haut et en bas d'un gros fleuron, le fond est gravé.

28 — Cache-entrée à double secret, en forme de plaque rectangulaire encadrée d'une moulure prise sur pièce et très finement gravée. Le volet du cache-entrée ajusté dans le fond d'un cadre en relief, est orné d'armoiries, et sa charnière dissimulée dans une feuille d'acanthe.

Le volet s'ouvre sous l'action simultanée de deux ressorts commandés un par des clous saillants placés à droite, l'autre par une minime fraction de la moulure d'encadrement, qui s'efface sous la pression du doigt.

xvie siècle.

29 — Serrure d'Armoire à une entrée et pène à bec de canne.

Le fond en fer gravé.

xvie siècle.

30 — Grande Serrure double à crémaillère.

Les palastres sont ornés de moulures en fer découpé et de haut relief, les fonds dorés sont chargés de feuillages enlevés en plein métal, et supportent au centre un médaillon avec un cavalier vêtu à l'antique, et dans les angles quatre mascarons en bas-relief.

3ı — Porte de niche en forme d'écu avec trois pênes
en bec de canne.

La face à fond doré est diviseé en quatre cantons
par une croix en fer mouluré et rapporté. Le centre
de chaque canton est occupé par une rosace bronzée
et chargée d'un emblème différent en incrustation
d'argent, un sablier, une faux, trois étoiles en triangle. Les fonds des deux cantons supérieurs sont
ornés d'une guirlande de fleur, les cantons inférieurs
de rinceaux, cette décoration est enlevée en plein
fer.

Au centre de la croix un petit écu très finement
ajusté, chargé de trois lames en argent, forme cache
entrée à secret ; il s'ouvre sous la pression d'un
ressort dont la commande est dissimulé sous la rosace
du canton droit supérieur et qu'on fait manœuvrer
au moyen d'un poinçon pénétrant par l'un des trous
de cette rosace.

Provient de la crypte de l'église de Bayeux.

xvıᵉ siècle.

3ᴢ — Serrure de coffre, le palastre est orné d'arabesques
gravées au milieu desquelles on voit une nymphe
près d'une source, des oiseaux et des mascarons
divers.

xvıᵉ siècle.

33 — Grande serrure à double entrée et deux pênes.

Le palastre est encadré par de fines postes en
damasquine d'argent entourant un champ semé
d'hermines d'argent en relief sur un fond doré.

Le cache-entrée est orné d'un écusson portant
en bas-relief une figure de Saint-Georges en argent
ciselé surmonté d'une couronne de vicomte : à droite
et à gauche deux figures allégoriques également en
argent ciselé.

Fin du xvıᵉ siècle.

34 — Serrure de coffre.

Le palastre orné de rinceaux et de feuilles en damasquine d'argent. Sur la butée de clef on voit gravé le monograme MH surmonté d'une croix.

Fin du xvie siècle.

35 — Serrure à double pène et avec une entrée pour la clef forée en triangle.

Le palastre est encadré par deux torsades faites à la lime, le champ est orné de feuillages et de mascarons chimériques en fer découpé repoussé et gravé sur fond doré.

xvie siècle.

36 — Serrure de coffre.

Le palastre est orné d'arabesques defoncées et gravées sur fonds doré. Au centre deux écus accolés supportés par deux lions et surmontés d'une couronne de comte. De chaque côté du champ, deux têtes de lion en relief, au milieu des arabesques du bas les deux lettres AP enlacées. La contre-plaque est surmonté d'un motif ajouré dans lequel on retrouve les deux lettres AP, abréviation usuelle des mots A Paris.

Fin du xvie siècle.

37 — Serrure de coffre à quintuple auberon et entrée pour clef forée en triangle.

Le palastre est en fer uni sur lequel se détache la butée ornée d'une tête de lion et de deux fleurons.

La contre-plaque en fer gravé est surmontée d'un motif à jours représentant un mascaron et des rinceaux.

Fin du xvie siècle.

38 — Serrure à triple pène entrée pour clef forée en triangle.

Le palastre est en fer uni sur lequel se détache la butée ornée de deux culots en feuille d'acanthe.

Fin du xvie siècle.

39 — Grande serrure à deux entrées et un pène.

Le palastre est orné d'un cadre en fer dentelé et gravé et de trois arceaux en tiers-point également en fer rapporté et travaillé à la lime.

Fin du xvi[o] siècle.

40 — Grande serrure de bahut dans la façon allemande à une entrée et trois pènes en bec de canne.

La platine ornée d'arabesques en fer découpé et gravé.

Fin du xvie siècle.

41 — Grande serrure dans la façon allemande à trois pènes et deux loquets.

La platine est en fer découpé et gravé les boites du système sont ornées d'arabesques ajourées en cuivre.

Fin du xvie siècle.

42 — Serrure de bahut à deux pènes dans la façon allemande.

> La platine est en fer découpé, relevé et gravé.

> Fin du xvi° siècle.

43 — Serrure dans la façon allemande avec un pène et un loquet.

> La platine est en fer découpé et gravé.

> Fin du xvi° siècle.

44 — Serrure de bahut à deux pènes.

> Sur platine en fer découpé et gravé.

> Fin du xvi° siècle.

45 — Serrure à deux entrées, dans la façon allemande, chargée d'ornements en fer découpé et gravé.

> Fin du xvi° siècle.

46 — Serrure du coffre à trois auberons avec clef forée en triangle.

> Le palastre est orné d'un christ en haut relief surmonté d'un cartouche avec l'inscription I.N.R.I. et aux quatre angles d'un mascaron à tête d'ange (un manque) tous ces ornements sont en bronze ciselé.

> Dans l'anneau de la clef, un Christ et la Vierge sont adossés et montés sur une lamelle de verre qui contenait une relique.

Provient de l'église du Saint-Sacrement à Amsterdam.

> Fin du xvi° siècle.

47 — Grande serrure à double entrée à pène et bec de canne.

Le palastre est orné de deux colonnes soutenant une architecture et trois arcs tiers-point en fer mouluré avec feuilles rapportées.

Sous les deux arcs extrêmes sont placés sur des culs-de-lampe, de petits personnages en haut relief, surmontés d'un dais. Toute l'ornementation se découpe sur un fond marouflé en velours cramoisi.

Fin du xvie siècle.

48 — Cache entrée à secret de forme rectangulaire.

Sur un fond de treillis en fil d'argent avec damasquine d'or, un petit portique en relief encadre le volet du cache entrée sur lequel on lit en lettres d'or : NON.

Le volet s'ouvre lorsqu'on fait pression sur un double ressort masqué par le chapiteau de gauche.

Fin du xvie siècle.

49 — Grande serrure à pène et bec de canne.

Le palastre en fer gravé et ciselé porte au milieu les armes de France surmontées de la couronne royale et accotés de deux dauphins sur des flots ; il est encadré par une moulure prise en plein fer et ornée de rosaces en bronze doré.

La contre plaque surmontée de deux Chimères repercées et gravées porte la mention :

« Jardin du Roy 1635 »

50 — Grande Serrure à deux entrées superposées, deux pènes et deux verrous.

Clef à forage triangulaire avec panneton découpé en grecque.

Le palastre en fer ciselé et gravé est orné d'un écusson d'armoiries surmonté d'une couronne de marquis et accostés de deux lions.

Commencement du XVIIᵉ siècle.

51 — Serrure de Coffre à auberons, en fer damasquiné d'or et d'argent.

Le palastre est orné d'un paysage traversé par un cours d'eau, encadré de filets d'or et d'une frise.

La contreplaque, surmontée d'un motif à jours et gravé, porte la date de 1625 et l'initiale M.

52 — Grande Serrure à simple pène et double entrée avec sa gâche.

Le palastre est orné de feuilles d'acanthe et de deux têtes de chien, surmonté d'un hibou en fer découpé, relevé et gravé.

L'entrée de clef est formée par le mufle d'un sanglier pris sur pièce.

La gâche est chargée d'armoiries et d'une couronne de comte.

Commencement du XVIIᵉ siècle.

53 — Serrure de Coffre à auberons avec entrée pour clef bénarde triangulaire.

> Le palastre est gravé sur toutes ses faces de fines arabesques, avec la butée en forme de mascaron.
>
> La contreplaque, surmontée d'un motif à jours, est décorée dans le style du commencement du xviiᵉ siècle.

54 — Serrure de Coffre avec entrée pour clef forée en trèfle.

> Le palastre orné d'un cadre en feuillages gravé porte sur le champ un écu surmonté d'une couronne de prince et d'un chapeau de cardinal avec une banderolle sur laquelle on lit: *Fide et Caritate.*
>
> Au bas sont gravées les lettres M. AP. (à Paris).
>
> La contreplaque est gravée et surmontée d'un motif à jours.
>
> Commencement du xviiᵉ siècle.

55 — Serrure de Coffre formant tiroir à quatre pênes, entrée pour clef bénarde triangulaire.

> La face est ornée de rinceaux et de feuillages en fer découpé et relevé, au milieu desquels se trouve un médaillon avec un dauphin et deux écus d'armoiries en cuivre repoussé et ciselé.
>
> Commencement du xviiᵉ siècle.

56 — Serrure de Bahut dans la façon allemande à deux becs de canne.

> La platine est en fer découpé relevé et gravé, la boîte du système est ornée de rinceaux en cuivre repoussé.
>
> Commencement du xviiᵉ siècle.

57 — Serrure de Bahut à la façon allemande, avec double bec de canne.

> Platine et boîte en tôle d'acier gravée et bleuie avec épargnes.

> Commencement du xvii° siècle.

58 — Serrure de sûreté mobile et à secret en forme de coffret.

> Les quatre angles sont formés par des colonnes soutenant un baldaquin, surmonté d'un dauphin mobile en bronze ciselé.
>
> Toutes les faces sont ornées de chimères et de mascarons en bronze.
>
> Le systeme est composé de deux crochets opposés mus simultanément par une crémaillère.

> Commencement du xvii° siècle.

59 — Très belle Serrure en fer noirci à deux entrées opposées, avec clef forée en anneaux circulaires, le panneton évidé en grecque.

> Le palastre est encadré par une double torsade renfermant une frise de cœurs en fil d'argent incrusté ; le champ est orné au centre d'un écu d'armoiries d'où s'échappent de délicats rinceaux portant quatre mascarons en argent ciselé, représentant les quatre saisons.
>
> La clef, dont l'anneau est monté sur un balustre à 6 pans, est également incrustée d'argent.

> Commencement du xvii° siècle.

60 — Serrure à deux entrées avec pène et bec de canne
à coulisse.

Le palastre est orné de gravures avec cache-
entrée mobile et fleurons d'empatement.

xviie siècle.

61 — Cache-entrée à secret damasquiné d'or et d'argent.
Le volet porte des armoiries et s'ouvre sous la pression d'un levier mû par un des clous, ornant la
plaque.

62 — Grande Serrure à deux entrées à pène et bec de
canne, avec sa gâche.

Le palastre est encadré d'une moulure unie et
ornée de fleurons dans la forme de pentures en fer
découpé et ciselé.

Proviendrait de Notre-Dame de Paris.

Pièce exécutée au xviie siècle dans le goût du
style gothique.

63 — Serrure à simple pène et double entrée.

Le palastre est orné sur toutes ses faces de rinceaux et d'arabesques défoncés au burin sur un
champ azuré, l'entrée de clef est formée par une
rosace ronde à feuilles d'eau.

xviie siècle.

64 — Serrure de Coffre à trois pènes d'auberon avec
entrée pour clef forée en triangle.

Le palastre en fer uni est orné de rinceaux et de
fleurons en fer découpé.

La contreplaque porte une moulure en plein fer
surmontée de rinceaux ajourés.

XVIIe siècle.

65 — Grande Serrure à trois entrées dont deux superposées en fer argenté.

Le palastre orné d'arabesques gravées et d'appliques en argent représentant un mascaron à tête
de faune et des chutes à feuilles de laurier.

XVIIe siècle.

66 — Serrure de Coffre à trois auberons.

Le palastre orné de feuilles gravées ainsi que la
contre-plaque surmontée d'un motif à jours.

XVIe siècle.

67 — Serrure à deux pènes, verrou et bec de canne à
coulisse et deux entrées.

Le palastre encadré de perles sur fer mouluré,
le fond orné d'arabesques en cuivre découpées, gravées et argentées dans le style de Bérain.

Commencement du XVIIIe siècle.

68 — Merveilleuse Serrure apparente pour Coffre.

Le palastre est formé par un portail dans le goût antique, à deux plans de pilastres cannelés en fer poli et très finement moulouré. Il est surmonté d'un fronton sur lequel est représenté en gravure l'intérieur d'une forge où trois ouvriers travaillent à la confection de foudres ; des bombes, des épées, des casques, sont épars dans l'atelier.

La porte formant cache-entrée, au milieu du portail est en fer délicatement mouluré à contours ; le panneau est composé d'arabesques à jours et gravées.

Au bas la signature de l'artiste : L. DUFOUR.

Deux des pilastres forment un double moraillon entièrement dissimulé et retenu par trois auberons, un au sommet, deux sur les côtés.

La boîte intérieure, d'un fini remarquable, est décorée de motifs à jours et gravés, une faible partie inachevée semble indiquer que l'artiste n'a pu terminer son œuvre.

Le cache-entrée, à secret, est mû par un loqueteau commandé par une minime fraction de moulure s'effaçant dans la corniche de la porte.

Cette pièce, véritable chef-d'œuvre de serrurerie, date du milieu du xviiie siècle ; une petite partie de la corniche manque à droite.

69 — Porte de Coffre à serrure munie de six pènes, à bec de canne.

La face est ornée de rinceaux et de fleurons en cuivre découpé, gravé et doré ; au centre, au-dessus de l'entrée, est placé un cartouche fleuronné sur lequel sont gravés les mots :

A Très Aimée Souveraine.

xviiie siècle.

70 — Serrure de Coffre en forme d'armoiries.

Provenant de la Maladrerie de Vaucelle, près de Caen.

xviii⁰ siècle.

71 — Serrure de Coffre à triple auberon, entrée pour clef forée en triangle.

Le palastre est encadré d'une astragale avec fond en cuivre doré, semé de fleurs de lys ; sur ce fond, on haut-relief, un arc en tiers point supporté par deux colonnes à chapiteaux formé par des têtes de loup ; au centre, une figure du Bon Pasteur, supportée par un cul-de-lampe à mascaron.

La contre-plaque gravée avec motifs à jours porte la date de 1772.

72 — Serrure à double entrée, trois pènes et un verrou en fer doré.

Le palastre est orné de gravures représentant deux sphinx opposés, surmontés de rinceaux et d'un amour tenant d'une main une flèche et de l'autre un flambeau.

Sur la butée de clef sont gravés deux écus surmontés d'une couronne fermée.

xviii⁰ siècle.

73 — Très belle Serrure de l'époque de Louis XVI, en
fer noirci à trois pènes et un verrou.

Le palastre est encadré par un double rang de
perles, entre lequel court une frise de laurier.

Sur le champ se détache une rosace de butée en-
tourée de perles et sur laquelle est gravé un faisceau
de trois flèches, deux grandes palmes encadrent la
rosace.

Cette ornementation est en argent incrusté et finement ciselée ; au milieu de la frise du bas on lit:
Fecit 1783.

74 — Serrure à moraillon.

La façade ornée d'un casque empanaché et de
rinceaux défoncés en plein fer.

xviie siècle.

75 — Serrure de sûreté à deux entrées, deux pènes, un
verrou et un bec de canne, clef en S.

Le palastre en fer peint est orné sur les côtés de
deux cygnes, au centre par une couronne de fleurs
entourant la lettre n ; la butée de clef porte une
tête de méduse et le cache-entrée une coquille.

Tous ces ornements sont en bronze ciselé et
doré.

Exécutée pour la Chambre de Napoléon Ier à
Saint-Cloud.

Provient de la Collection MORÉAU.

CADENAS

---

76 — **Cadenas à boucle, les faces gravées et damasqui-nées.**

Sur le devant, un cache-entrée à secret en forme de portique, dans le fronton une tête de chérubin en bronze ciselé et doré.

La porte est ornée d'un écu et d'une couronne damasquinée en or et en argent ; elle s'ouvre en abaissant, à gauche, le seuil du portique.

Fin du xvi° siècle.

77 — **Cadenas en forme de cœur, boucle à tourillon.**

Sur la face, deux faunes jouant de la trompe sont gravés en plein fer.

Le cache-entrée porte les armes du Dauphin ; le dos du cadenas est gravé et porte trois fleurs de lys.

Fin du xvi° siècle.

78 — **Cadenas rond à barre et moraillon.**

Sur la face, un lion tenant un étendard aux armes de France, aux dos les armes de France ; décoration gravée en plein fer.

Commencement du xvii° siècle.

79 — Cadenas à boucle et tourillon.

> Entièrement gravé.
>
> Sur la face un dragon ; sur le dos, trois jambes bottées et courant.
>
> Commencement du xviie siècle.

80 — Cadenas avec boucle à tourillon.

> Toutes les faces ornées d'arabesques en incrustation de cuivre, d'or et d'argent.
>
> Sur le cache-entrée à secret est dessiné un personnage tenant à la main une banderolle sur laquelle on lit : « *Ouvre, si tu peux !!* »
>
> Sur la face opposée, deux ecus accolés surmontés d'un tortil de baron.
>
> Commencement du xviie siècle.

81 — Cadenas carré, boucle à pivot, toutes les faces son ornées de feuillages découpés relevés et gravés.

> Une face est en mauvais état.
>
> Commencement du xvie siècle.

82 — Cadenas à boucle et tourillon.

> Les faces chargées d'Ornements en cuivre découpés et gravés, dans le style de Berain.
>
> xviie siècle.

83 — Cadenas à boucle.

Les côtés gravés, les deux faces ornées de feuillages en fer découpé et repoussé sur chaqne face, le
centre est occupé par une gaine à tête de femme de
haut relief prise et ciselée en plein fer, l'une sert de
cache entrée et se déplace sous le jeu d'un ressort
dissimulé dans le côté droit du Cadenas.

xvie siècle.

84 — Cadenas à boucle et tourillon en fer uni.

xvie siècle.

85 — Petit Cadenas à boucle, de forme triangulaire,
fer uni.

xvie siècle.

86 — Petit Cadenas, à tourillon, de forme triangulaire,
fer uni.

xvie siècle.

87 — Petit Cadenas rond, avec sa clef, forée en trèfle.
xviie siècle.

88 — Cadenas à boucle avec entrée à secret.

Sur la face entièrement gravée, une petite niche
surmontée d'une croix. Cette croix mobile fait jouer
le ressort de la plaque couvrant l'entrée.

Au dos est gravé le baptême du Christ, par
Saint-Jean.

Fin du xviie siècle.

89 — Cadenas demi-rond à boucle, les faces gravées, etc, partie dorées.

xviiie siècle.

90 — Cadenas demi-rond, à boucle ornée de cercles tracés.

xviiie siècle.

91 — Cadenas demi-rond, pour clef forée en trèfle, fer uni, entrée chevronnée.

xviiie siècle.

92 — Cadenas carré, fer uni.

xviiie siècle.

93 — Cadenas rond, fer uni.

xviiie siècle.

94 — Cadenas, fer uni, à deux broches, clef sur le côté.

La face manque.

xviie siècle.

95 — Cadenas, fer uni, à deux broches, clef sur le côté.

xviie siècle.

96 — Grand Cadenas, à boucle en forme d'écu, surmontée d'une Couronne de Comte, et avec armoiries
en bronze, rapporté et doré.

Les deux faces semblables.

xviii⁰ siècle.

97 — Grand Cadenas rond, à boucle, orné sur les deux
faces par des Ornements, formés de perles rapportées,
au-dessus de l'entrée dans un écusson, les armes de
la famille d'Orléans, de chaque côté de l'entrée les
lettres. S. C.

Sur le tour du Cadenas, on lit en caractères
formés par des perles les mots château de Saint-
Cloud, grille.

La clef porte un anneau plein, avec fleurs de lys
en bronze.

xviii⁰ siècle.

98 — Grand Cadenas rond, avec sa clef, les deux faces
et les côtés sont ornés de ceps, de feuilles de vigne
et de raisins en fer rapporté et très finement ciselé.

Sur le fond, on voit un cache-entrée en forme de
baril, soutenu par une grande jatte à godrons, qui
s'abaisse légèrement à droite pour permettre l'ouver-
ture du cache-entrée.

Autour du baril au milieu de gravure, on lit en
caractères d'argent incrusté les mots :

(Bonum vinum lacryma Christus).

La seconde face est semblable sans légende.

L'anneau de la clef est orné de feuilles de
vignes et de raisins rapportés.

xviii⁰ siècle.

99 — Grand Cadenas à boucle, en forme de trèfle à deux entrées opposées, l'une pour clef forée en forme de cœur, l'autre en forme de trèfle. Les anneaux des clefs correspondent à la forme de l'entrée, les systèmes sont indépendants.

Les deux faces du Cadenas sont ornées de feuillages e. levés et gravés en plein fer, au centre et sur chacune se trouve un écu, l'un surmonté d'une Couronne de Marquis, l'autre de Comte; les fonds sont dorés.

Les côtés sont également ornés de feuilles dorées.

xviiie siècle.

100 — Petit Cadenas en forme de triangle, toutes les faces gravées.

xviiie siècle.

101 — Cadenas à boucle de forme cylindrique, clef sur le côté.

102 — Petit Cadenas en forme de boucle entièrement gravé.

xviie siècle.

MARTEAUX ET HEURTOIRS DE PORTE

103 — Marteau de porte à crossette ornée de deux rosaces rapportées.

> La partie supérieure qui s'agrafait sur deux tire-fond (manquant) est ouvragée en forme de losange encadrant une croix.
>
> xve siècle.

104 — Heurtoir de porte en forme de massue sur plaque ornée d'une moulure d'encadrement.

> Le marteau porte dans sa partie supérieure une fleur de lys sur chaque face.
>
> Le bas est orné de trois mascarons en relief, le balustre est entièrement gravé.

Ce heurtoir provient de la porte principale du Vieux Louvre en face la rue Jehan Everont et a été recueilli lors de la démolition en 1857 par l'architecte J. Gaillhabaud.

105 — Heurtoir de porte en forme de massue ornée de feuilles d'eau enlevées en plein fer.

> Commencement du xvie siècle.

106 — Très joli heurtoir à boucle ovale ornée d'un mascaron à tête de femme et de feuilles d'acanthe perlées et très finement ciselées.

> L'agrafe est formée par un mascaron à tête d'homme.
>
> Commencement du xvie siècle.

107 — Grand heurtoir à boucle.

Le nœud de celle-ci est formé par un masque de femme, le pivot est surmonté d'une feuille d'acanthe recourbée.

Fin du xvie siècle.

108 — Très joli heurtoir à boucle en fer primitivement doré et finement ciselé.

Le nœud de la boucle est formé par un masque d'homme, le pivot est surmonté d'une feuille recourbée.

Fin du xvie siècle.

109 — Heurtoir à boucle.

Celle-ci ornée de feuillages de laurier gravés est montée sur une platine carrée unie.

xvie siècle.

110 — Heurtoir de porte.

La boucle est formée par deux dauphins dont les queues reliées par un lien forment le pivot.

xvie siècle

111 — Heurtoir à boucle surmontée d'une feuille enroulée.

La boucle est formée par deux dauphins se rejoignant sur le nœud, ornée d'un mascaron.

xvie siècle.

112 — Marteau de porte en forme d'S, orné de feuilles et
de mascarons gravés.

xvie siècle.

113 — Heurtoir en forme de massue, orné de feuilles
en fer rapportées et gravées.

xvie siècle.

114 — Petit Marteau de porte en forme de couronne de
lauriers.

xvie siècle.

115 — Heurtoir de porte à boucle formée par deux
doubles dauphins. Le nœud supporte une tête de
faune.

xvie siècle.

116 — Heurtoir à boule ovale, entièrement ciselé, le
nœud orné de rosaces.

xvie siècle.

117 — Petit Heurtoir à boucle ovale entièrement ciselée, avec sa platine en fer découpé et gravé.

xvie siècle.

118 — Heurtoir à boucle formée par deux doubles dauphins venant se réunir sur un nœud orné d'une tête
portant la mitre phénicienne.

Le pivot est surmonté d'une longue tige terminée
par un lotus.

xvie siècle.

119 — Heurtoir de porte à boucle, celle-ci ornée de rosaces et de feuilles ciselées, ainsi que l'agrafe.

xvie siècle.

120 — Heurtoir à boucle en fer uni montée sur un tire
fond à clavette.

xvie siècle.

121 — Heurtoir à boucle formée par deux dauphins
dont les queues forgées en tire-bouchon viennent se
réunir dans une pièce de fer formant pivot.

xvie siècle.

122 — Heurtoir à boucle formée par deux dauphins
soutenant un mascaron à tête d'homme.

Le fronton en forme de console renversée, fer
gravé.

Fin du xvie siècle.

123 — Heurtoir à boucle en fer noirci et primitivement
damasquiné en argent.

Commencement du xviie siècle.

124 — Heurtoir à boucle ornée de feuillages et de deux
dauphins ; le nœud porte, à droite, un coq, à gauche, un hibou.

xvie siècle.

125 — Heurtoir à boucle très richement ornée de feuilles, de fruits et de mascarons ; le nœud est formé par une tête d'ange ailé.

L'agrafe est décorée d'un masque d'homme entre deux feuilles d'acanthe.

Pièce d'une très belle composition et du xvie siècle.

126 — Très beau Heurtoir de porte à boucle, celle-ci ornée de deux dauphins surmontés de corne d'abondance.

Le fronton porte un écu d'armes entouré d'une couronne de chêne et frappé d'une couronne de vicomte.

xviie siècle.

127 — Heurtoir à boucle entièrement unie ; l'agrafe surmontée d'un vase.

xviie siècle.

128 — Heurtoir à boucle et à fronton entièrement unis.

xviie siècle.

129 — Pomme de canne avec figure d'homme grotesque, fer ciselé et gravé.

xviie siècle.

130 — Heurtoir à boucle ciselée, le fronton orné d'une tête de lion gravée, surmontée d'un sablier.

xviie siècle.

131 — Heurtoir de porte à boucle, la poignée ornée de coquille, le fronton à jours.

Commencement du xviie siècle.

132 — Heurtoir de porte en S, fer forgé à volute ornée d'une feuille rapportée.

xviie siècle.

133 — Marteau de porte en S, se terminant par une large volute unie, les côtés gravés et ciselés.

xviie siècle.

134 — Heurtoir à boucle, entièrement gravé et ciselé, muni de sa platine en fer découpé et relevé au marteau.

xviie siècle.

135 — Poignée de Coffre à anneau ovale sur platine découpée et gravée.

xviie siècle.

136 — Heurtoir à boucle entièrement gravé et ciselé ; le fronton est décoré d'un cygne.

xviie siècle.

137 — Heurtoir à boucle entièrement ciselée; le fronton
uni surmonté d'un vase.

XVIIe siècle.

138 — Heurtoir de porte.

Sur le nœud de la boucle est posé l'écu aux
armes de France d'où s'échappent de chaque côté
des rinceaux enroulés en surette de vigne. Le fronton
est formé par la couronne fleurdelisée des princes
du sang.

Ces ornements sont en partie dorés.

XVIIIe siècle.

VERROUS, TARGETTES & LOQUETEAUX

Des XVe, XVIe, XVIIe et XVIIIe Siècle

139 — Deux Verrous à double targette sur platine
découpée.

140 — Petit Verrou à coulisse ajourée, avec fond en
drap rouge sur platine unie découpée.

141 — Petit Verrou à coulisse, bouton en pointe de
diamant sur platine découpée.

142 — Grand Verrou à targette ornée de dauphins et d'arabesques enlevés et gravés en plein fer.

> Sur la platine découpée et gravée on voit, en haut, un buste d'homme en costume de l'époque des Valois, entouré d'une banderolle avec la devise :

> (ce) RTAMINE MARTIO

> En bas, un écu chargé d'une couronne dans laquelle une épée et un sceptre sont entrecroisés au-dessus de la devise

> CLA..A SUPER SUNT

> xvie siècle.

143 — Très beau verrou de sûreté à clef, la face et le verrou sont ornés d'arabesques et de personnages très finement gravés, sur la butée de clef se trouvent des armoiries surmontées d'une Couronne de Vicomte.

144 — Petit verrou uni, à targette profilée.

145 — Petit verrou, à targette uni, sur platine découpée en fleurons.

146 — Petit verrou uni, sur platine découpée, à fleurons jumeaux.

147 — Petit verrou sur platine unie, découpée et boutrelée.

148 — Verrou de sûreté, à crémaillère, avec platine à ornements rapportés et gravés.

149 — Verrou à targette sur platine unie, découpée à jours et fleuronnée.

150 — Gros Verrou, à targette bouton, gravée sur platine oblongue, ornée de feuilles gravées.

151 — Gros verrou, à targette et bouton uni, sur platine découpée à jours et fleuronnée.

152 — Petit Verrou, à targette profilée sur platine découpée et façonnée à la lime.

153 — Verrou en fer uni, bouton plat, applique découpée à jours.

154 — Petit Verrou, à targette profilée sur platine découpée à jours et repoussée.

155 — Grand Verrou à targette et bouton unis, sur platine unie, découpée en entrelacs.

156 — Verrou à targette unie, sur platine carrée ajourée.

157 — Petit Verrou, targette profilée, bouton gravé, platine découpée et gravée.

158 — Petit Verrou targette, à bouton taillé en calice sur platine découpée à jours et repoussée, gravée.

159 — Petit Verrou à bouton conique, sur platine découpée et fleuronnée.

160 — Petit Verrou très fruste, sur platine découpée.

161 — Verrou à targette profilée, sur platine en fer repoussée et gravée, représentant des coquilles et des palmettes.

162 — Petit Verrou à bouton uni, sur platine repoussée et gravée avec fleurs de lys.

163 — Petit Verrou, à bouton gravé sur platine à jours et gravée.

164 — Petit Verrou, à boutons à côtes sur platine unie découpée.

  Consoles et Croissants.

165 — Petit Verrou, à bouton uni.

  Sur platine découpée et fleuronnée.

166 — Verrou à targette, cran d'arrêt sur platine longue découpée en entrelacs.

167 — Petit verrou à bouton conique sur platine découpée à entrelacs.

168 — Petit verrou à bouton en forme de grelot sur platine ajourée.

169 — Très joli verrou à targette profilée sur platine richement décoré de feuilles et d'entrelacs gravés.

170 — Verrou targette à bouton de queue sur platine unie et découpée.

171 — Verrou à targette saillante sur platine découpée et gravée.

172 — Petit verrou de meuble à boutons à côtes sur platine carrée fleuronnée.

173 — Petit verrou de meuble à bouton conique sur platine découpée à jours.

174 — Verrou de meuble, bouton en forme de balustre sur platine en cœur.

175 — Verrou de meuble, bouton en olive sur platine en cœur.

176 — Verrou à targette profilée, bouton plat sur platine unie découpée.

177 — Petit verrou à bouton uni sur platine à jours ornée de feuilles gravées et repoussées.

178 — Petit Verrou à targette profilée, bouton gravé sur
platine à jours et gravée.

179 — Petit Verrou, targette à bouton en tête de diamant
et gravé, sur platine à jours et gravée.

180 — Verrou à targette profilée, bouton uni sur platine
découpée et ornée de feuilles en gravure.

181 — Verrou targette profilée, bouton à rosace gravée
sur platine à deux fleurons ajourés et gravés.

182 — Verrou à targette profilée avec ressort d'arrêt sur
platine unie et découpée.

183 — Verrou à targette profilée, bouton à godrons sur
platine en fer uni très finement découpé.

184 — Petit Verrou à platine découpée à jours.

185 — Petit Verrou à bouton et platine à jours gravée.

186 — Verrou à targette profilée et chargée de lauriers
gravés ; bouton à rosace, la platine à jours ornée de
deux dauphins ajourés et gravés.

187 — Verrou à targette, moulurée sur platine, en fer
uni et découpé.

188 — Verrou à targette profilée, platine fer uni, découpée à fleurons.

189 — Verrou à targette profilée, sur platine découpée et gravée, bouton uni.

190 — Gros Verrou à targette profilée et cran d'arrêt, sur platine unie avec ajours.

191 — Enorme Verrou à targette unie. La plaque découpée en fleurons entièrement gravée ainsi que le bouton.

192 — Verrou à clef carré et crémaillère en fer uni sur platine, orné, découpé à jours.

193 — Verrou de sûreté pour clef sans panneton forée en triangle.

La face entièrement gravée, le pont orné d'armoiries avec couronne de marquis.

194 — Verrou de sûreté à clef, la face en fer gravé et orné d'appliques en cuivre rouge repoussé et ciselé.

195 — Verrou à targette et bouton gravé ; la platine ornée de deux fleurs de lys opposées gravées et ciselées.

200 — Verrou de sûreté à clef en fer, uni, sur platine à
tête ronde.

Le dessus chargé de grosses rosaces unies.

201 — Verrou vertical, poignée à bouton gravé sur platine fleuronnée.

202 — Petit Verrou vertical sur platine découpée à
jours et gravée.

203 — Petit Verrou vertical sur platine unie.

204 — Petit Verrou vertical à poignée en manette sur
platine découpée et gravée.

205 — Petit Verrou vertical, bouton en tête de clou sur
platine découpée.

206 — Petit Verrou vertical, queue à patte.

207 — Petit Verrou vertical, une queue à bouton.

208 — Verrou vertical, queue à crochet sur platine
gravée.

209 -- Verrou vertical à ressort, sur platine découpée à
jours et gravée.

210 — Verrou de Guichet à abattant, ressort en pincette sur platine unie.

211 — Verrou de Guichet à abattant, ressort en pincettes sur platine gravée.

212 — Loqueteau à ressort à bouton tête de clou sur platine découpée à chanfrein.

213 — Loqueteau à ressort découpé en trèfle sur platine gravée.

214 — Loqueteau à ressort et anneau sur platine découpée et gravée.

215 — Loqueteau à ressort et anneau sur platine découpée en cœur.

216 — Loqueteau à ressort et à anneau sur platine découpée et gravée.

Provient de l'Hôtel de Sens à Paris.

217 — Loqueteau à ressort sur platine triangulaire fleuronnée et gravée fer étamé.

218 — Très joli Loqueteau à ressort sur platine ajourée avec rinceaux et entièrement gravée.

219 — Loqueteau à ressort sur platine gravée et ajourée fer étamé.

220 — Loqueteau à ressort et à anneau sur platine gravée et fleuronnée fer étamé.

221 — Loqueteau à anneau sur platine découpée à jours et gravée fer étamé.

222 — Loqueteau à ressort et à anneau sur platine gravée fer étamé.

223 — Loqueteau à ressort et bouton en tête de clou sur platine découpée à chanfrein.

224 — Loqueteau à ressort en spirale sur platine gravée.

225 — Loqueteau à ressort et anneau sur platine découpée et gravée.

226 — Loqueteau à ressort sur platine découpée unie à deux fleurs de lys.

226 *bis* — Petit Verrou à targette uni, platine découpée et gravée.

Petit Verrou uni, sur platine découpée.

Petit Verrou bouton, à côtes de melon sur platine découpée.

Petit Verrou uni, sur platine ovale.

CLEFS DIVERSES

Des XVe, XVIe, XVIIe et XVIIIe siècles.

227 — Clef anneau, en forme de cœur évidé (très fruste).

XVe siècle.

228 — Clef forgée, anneau en losange.

XIVe siècle.

229 — Clef Bénarde, anneau formé par deux Dauphins.

XVe siècle.

Clefs du XVIe Siècle

230 — Grande Clef Bénarde, balustre rond, l'anneau est formé par des rinceaux rapportés au milieu desquels s'inscrit une Croix gravée.

231 — Grande Clef Bénarde à anneaux en fer rapportés.

232 — Grande Clef Bénarde, le balustre et l'anneau sont enveloppés par deux feuilles en fer découpé et rapporté.

233 — Clef de Coffre à tige ronde, balustre à chapiteaux, anneau plat, dans lequel est inscrit une figure équestre de Chevalier tenant d'une main l'épée, de l'autre son écu.

Fer ciselé et damasquiné d'or.

234 — Grande Clef Bénarde, balustre gravé, l'anneau est formé par deux écrevisses gravées.

235 — Grande Clef Bénarde, balustre gravé anneau formé par deux Dauphins gravés.

236 — Grande Clef de Ville, à tige pleine, balustre en forme de chapiteau, à feuilles découpées et rapportées, anneau formé par deux Chimères gravées.

237 — Clef à simple carré, balustre et anneau ciselé.

238 — Grande Clef, à tige hexagonale et forage carré, anneau uni.

239 — Clef à tige ronde, avec grand anneau plat orné de rinceaux découpés à jours.

240 — Clef à tige cylindrique non forée, fendue en grelot, anneau avec rinceaux découpés à jours.

241 — Clef à tige ronde, à long anneau ovale, repercé à jours.

242 — Clef à tige ronde balustre tourné, anneau ovale
découpé en entrelacs.

243 — Clef à tige ronde, balustre uni, anneau en forme
d'écu repercé à jours.

244 — Très jolie Clef bénarde à anneau circulaire découpé et dont le centre est occupé par un pommeau
taillé à godrons.

245 — Clef à tige ronde, anneau rond, panneton découpé
à 4 grecques.

246 — Clef à tige ronde, anneau rond méplat, panneton
très ajouré.

247 — Clef à tige ronde, anneau uni et volutes plates,
panneton à peigne.

248 — Clef à tige ronde, balustre en forme de chapiteau
uni à 6 pans, anneau en forme de rosace gothique.

249 — Clef forée en triangle, balustre et anneau uni.

250 — Clef forée en triangle, anneau uni évidé à la
base.

251 — Clef à tige ronde, balustre formé par deux mascarons opposés, anneau gravé et ciselé avec couronne
de comte.

252 — Clef à tige ronde balustre à 4 colonnes coudées anneau plat avec ajours.

253 — Grande Clef forée en triangle balustre et anneau . unis.

254 — Clef forée en triangle balustre et anneau unis.

255 — Clef à tige ronde long anneau ovale et repercé à jours.

256 — Clef forée en triangle anneau uni panneton en Z.

257 — Clef forée en triangle anneau uni panneton découpé en croix grecque.

258 — Clef à tige ronde, anneau découpé en entrelacs à jours.

259 — Clef forée en triangle, anneau uni.

260 — Clef forée en triangle, anneau uni nœud en gorge.

261 — Clef à tige ronde, grand anneau, avec rinceaux à jours.

262 — Clef forée en triangle, balustre et anneau unis.

263 — Clef à tige ronde, anneau repercé et gravé.

264 — Clef à tige ronde, anneau ovale repercé à jours .

265 — Grosse Clef à tige ronde, balustre uni tourné, anneau à gros nœud et à trèfle découpé.

266 — Clef forée en triangle, anneau formé par deux dauphins ciselés.

267 — Très curieuse Clef bénarde à balustre évidé en feuillets, anneau couronné d'une frise à jours.

268 — Clef à tige ronde, anneau rond, panneton saillant avec son entrée et ses gardes très compliquées.

269 — Grande Clef, forée en triangle, balustre à godrons

270 — Clef forée en triangle: balustre tourné, anneau formé par deux dauphins ciselés.

271 — Grosse Clef forée en trèfle, anneau uni, panneton à peigne.

272 — Clef forée en carré, balustre et anneau unis.

273 — Clef à tige ronde, balustre uni, anneau rond très finement repercé en rosace.

274 — Clef à tige ronde, balustre à 8 pans, anneau rond repercé en rosace.

275 — Clef à tige ronde, balustre à 6 pans, anneau rond
repercé en rosace.

276 — Clef à tige ronde, anneau repercé en rosace.

277 — Clef à tige ronde, sans panneton, anneau rond,
repercée en rosace et surmontée d'un cœur.

278 — Clef à tige ronde, anneau repercé en rosace.

279 — Clef à tige ronde, sans panneton, anneau rond,
repercé en rosace.

280 — Clef à tige ronde, anneau repercé en rosace.

281 — Clef à tige ronde, anneau repercé en rosace.

282 — Clef à tige ronde, anneau repercé en rosace.

283 — Petite Clef à tige ronde, anneau repercé en
rosace.

284 — Clef tige à six pans forée ronde, balustre ouvra-
gé, anneau découpé en rosace et surmonté d'un
motif à fleurons.

285 — Petite Clef sans panneton, forée en trèfle, balustre boule, anneau uni.

286 — Petite Clef forée en triangle, balustre ovale, anneau uni.

287 — Clef forée en cœur, sans panneton, balustre gravé, anneau formé de deux dauphins gravés.

288 — Clef forée en triangle, balustre rond, anneau formé de deux dauphins ciselés.

289 — Grande Clef bénarde, balustre et anneau gravé.

290 — Grande Clef à tige ronde, balustre en forme de grelot, anneau denticulé.

291 — Clef bénarde, balustre gravé, anneau à feuilles et mascaron ciselé, en partie dorée.

292 — Clef forée en triangle, anneau formé par deux C.

293 — Neuf Clefs de bahut à panneton fermé et pivotant.

294 — Clef forée ronde, balustre gravé, anneau formé par deux têtes d'éléphant en partie dorées.

295 — Douze Clefs vulgaires non forées, anneaux ronds ovales et plats.

296 — Grosse clef courte à tige ronde, balustre rond, grand anneau découpé à jour et gravé.

297 — Huit Clefs de meuble ou de coffre à tiges forées ou
bénardes, anneaux unis.

298 — Passe-partout tige bénarde anneau uni.

299 — Clef pliante à triple passe-partout.

300 — Clef pliante à deux passe-partout, l'un bénard,
l'autre foré.

301 — Clef pliante à deux passe-partout bénards.

302 — Passe-Partout à deux pannetons et tige bénarde.

303 — Passe-Partout à deux pannetons et tige bénarde.

304 — Passe-Partout à deux pannetons et tige bénarde.

305 — Passe-Partout à deux pannetons et tige bénarde.

306 — Passe-Partout à deux pannetons et tige forée.

307 et 308 — Deux Clefs pliantes de poche à tige bénarde.

309 — Très ancienne Clef de cadenas, anneau en losange.

310 — Très ancienne Clef de cadenas, tige forée.

311 — Quatre Clefs très anciennes en fer grossièrement forgé.

312 — Grosse Clef de cadenas en fer fruste.

313 — Deux Clefs de cadenas forées à tige ronde.

314 — Sept Clefs de gros cadenas à tige et anneaux ronds. Pannetons de différentes formes.

Diverses époques.

Clefs du XVII⁰ Siècle

315 — Grande Clef de ville, balustre en forme de chapiteau corinthien sur lequel sont posés deux enfants. L'anneau est orné de deux Tritons et surmonté d'une couronne murale. Le centre est occupé par un écusson d'armoiries.

316 — Grande Clef Bénarde à deux pannetons, balustre rond tourné. Anneau en fer ciselé et doré formé par deux Tritons adossés au centre desquels est placé un écu d'armes.

317 — Clef forée en carré.

318 — Clef tige ronde à anneau et balustre ciselés, panneton découpé en 5.

319 — Clef tige ronde à balustre tourné, anneau uni à nœud.

320 — Clef à tige ronde, balustre ciselé.

321 — Clef à tige ronde, balustre rond avec anneau à
nœud en gorge.

322 — Clef à tige ronde en cours d'exécution. Dans l'anneau se trouve d'un côté une tige de rose, de l'autre
une grappe de raisin.

323 — Clef de cadenas, balustre à six pans et anneau
méplat ornée de feuilles et de perles ciselées.

324 — Clef à tige ronde, balustre uni, anneau évidé à
dauphins.

325 — Clef forée en trèfle, balustre rond, anneau formé
par deux dauphins.

326 — Grande Clef forée en triangle, balustre gravé,
anneau formé de deux dauphins. Panneton en S.

327 — Clef forée en triangle, balustre rond et anneau
uni.

329 — Six Clefs vulgaires pour cadenas.

330 — Dix Clefs vulgaires des xiiiᵉ, xivᵉ et xvᵉ siècles.

331 — Cinq grandes Clefs vulgaires des xiiiᵉ, xivᵉ et
xvᵉ siècles.

332 — Trois grandes Clefs vulgaires à tige ronde.

xve siècle.

333 — Canon pour clef forée, à double tige triangulaire.

334 — Très belle Clef de Ville, tige pleine de forme carrée, balustre rond.

Anneau formé par deux Cariatides, se réunissant sur deux masques de faune, panneton découpé en S.

335 — Grande Clef forée en trèfle, balustre et anneau uni.

336 — Trois Clefs bénardes à balustre et anneau unis.

337 — Quatre Clefs, deux Bénardes, deux forées, anneaux et balustres unis.

338 — Petite Clef de Coffre, à balustre long, anneau ciselé et argenté, tige à forage double et annulaire.

339 — Clef à tige ronde, balustre uni, anneau formé par deux Chimères ciselées.

340 — Clef à tige ronde, anneau repercé à entrelacs et gravé.

341 — Grande Clef, à tige ronde, balustre tourné, l'anneau repercé en forme de fleuron uni.

342 — Grande Clef Bénarde, anneau rond, surmonté
d'une Couronne de Comte, et inscrivant un écu sur
lequel est posé d'un côté une tête de Lion, de l'autre
une tête de Chien.

343 — Clef forée en triangle, balustre rond à anneau
uni.

344 — Clef Bénarde, anneau en forme de rosace
découpée à jours.

345 — Grand Anneau de Clef découpé à jour, en forme
de Croix.

346 — Grande Clef Bénarde, à anneau formé par un
fleuron à trois feuilles en fer plat et limé.

347 — Petite Clef à tige ronde, anneau oblong repercé
et gravé.

348 — Grande Clef à tige ronde en fer doré.

L'anneau formé par un cœur renversé attaché à
un Cartouche surmonté d'une petite Croix.

349 — Clef en bronze à panneton double, repercé en
fleur de lys.

350 — Grande Clef Bénarde, balustre ciselé, anneau
uni, panneton découpé en forme de 5.

351 — Clef à tige pleine triangulaire, balustre à 8 pans,
anneau uni à rinceaux.

352 — Clef sans panneton à tige ronde, forée en triangle
anneau uni.

353 — Clef à tige pleine en fleur de lys, balustre rond,
anneau découpé en rinceaux, panneton pour double
tige.

354 — Clef de Meuble, tige pleine à long balustre
uni.

355 — Clef Bénarde pour Meuble, à tige et balustre
gravés, anneau finement découpé.

356 — Très jolie Clef bénarde, balustre en forme de
boule, anneau découpé et gravé portant au centre
deux L entrelacés.

357 — Petite Clef de Meuble bénarde, balustre et anneau unis.

358 — Clef de Coffret à tige ronde, anneau travaillé à
jours.

359 à 374 — Clefs de Meubles ou de Coffres à tiges
rondes et anneaux délicatement travaillés.

375 à 381 — Grandes Clefs à anneau uni.

Clefs du XVIIIe Siècle

382 — Clef pour serrure à deux broches, et tige forée en rond le panneton en cœur, balustre en forme de chapiteau corinthien, l'anneau surmonté de deux amours et fermé par une double couronne de comte en bronze ciselé et doré.

383 — Grande Clef bénarde, le balustre en forme de chapiteau, soutenu par deux consoles, l'anneau constitué par une couronne de laurier au milieu de laquelle se trouve le buste de J.-J. Rousseau, fer ciselé.

384 — Très belle Clef de Coffre exécutée dans le goût de la Renaissance, tige à long balustre ciselé, anneau en forme de C reposant sur une embase cubique. L'intérieur de l'anneau est occupé par deux chimères soutenant un écu, en partie argenté, sur chaque face du cube sont gravées les lettres V R S surmontées d'une couronne.

385 — Grande Clef bénarde à balustre formé par un chapiteau ionique soutenu par deux consoles à figures d'homme et de femme, l'anneau est formé par quatre serpents et deux casques empanachés. Ces ornements sont en bronze ciselé et doré.

386 — Clef à tige triangulaire, balustre rond, anneau à dauphins ciselés.

387 — Clef à tige quadrilobée et panneton inachevé. Le balustre et l'anneau très richement ornée de ciselures et de gravures.

388 — Très belle Clef à tige et forage en fleur de lys;
balustre à six pans sur lequel sont placés trois enfants en ronde bosse, supportant la couronne royale
de France.

389 — Petite Clef de Meuble, tige forée en fleur de lys,
anneau finement ciselé et argenté pour serrure à deux
broches, l'une en fleur de lys, l'autre en cœur avec
son entrée et ses gardes.

390 — Petite Clef forée en cœur à balustre rond, l'anneau formé par des rinceaux très délicatement découpés, panneton à peigne.

391 — Petite Clef sans panneton, tige forée en cœur,
anneau uni.

392 — Clef à tige et balustre rond, anneau uni à bague
moletée.

393 — Bouton de porte à deux anneaux, l'un en forme
de cœur avec les initiales CB traversées d'une flèche,
l'autre formé par deux C.

394 à 400 — Clefs de meubles à tige ronde, anneaux en
bronze finement ciselé et doré.

401 — Clef forée en triangle à balustre, rond et anneau
formés par les lettres LD doublement enlacées.

402 — Clef en cours d'exécution pour tige annulaire double. L'anneau sur la forge est simplement limé.

403 — Grande Clef Bénarde anneau formé par deux chimès supportant une couronne de marquis, au-dessous un cartouche avec une harpe.

Toute cette ornementation est en bronze ciselé

BOUTONS DE PORTE, POIGNÉES ET MORAILLONS

Des XVI°, XVII° et XVIII° Siècles.

404 — Bouton ovale sur platine ornée de deux fleurons à jours et gravés.

405 — Petit Bouton à côtes sur platine pleine gravée.

406 — Bouton rond gravé, sur platine carrée à feuilles découpées.

407 — Gros Bouton orné de feuilles gravées sur platine en fer repoussé.

XVI° **Siècle.**

408 — Gros Bouton portant un mascaron gravé.

409 — Trois Clous forgés avec tête ornée d'un motif.

410 — Grand Moraillon orné d'une coquille.

xvie Siècle.

411 — Moraillon en fer découpé et gravé.

xviie Siècle.

412 — Bouton rond gravé sur platine à jours gravée.

413 — Bouton à godrons sur platine à jours gravée.

413 *bis* — Poignée de tirage ciselée, formée par deux dragons dévorant une tête humaine.

414 — Bouton de porte très finement ciselé sur platine à jours ornée de fleurs de lys.

xviiie Siècle.

414 *bis* — Poignée de tirage en fer demi-rond, travaillé à la lime.

415 — Bouton orné d'un lion couronné sur platine à jours gravée.

415 *bis* — Deux Poignées en fer ciselé, ornées de trois feuilles.

416 — Gros bouton de porte, forme boule, en fer repoussé et étamé.

416 *bis* — Deux Poignées en forme de balustre surmonté
d'un clocheton.

417 — Poignée en forme de double balustre uni.

417 *bis* — Double Moraillon avec sa charnière formé
par deux colonnettes, dans le style gothique du
xve siècle.

418 — Anneau de tirage très frustre en fer cassé non
travaillé.

418 *bis* — Moraillon à guivre ciselée en haut-relief.

xvie siècle.

419 — Anneau de tirage de forme ovale avec nœud et
agrafe ciselés.

419 *bis* — Moraillon avec sa charnière, en fer découpé,
repercé et gravé.

xvie siècle.

419 *ter* — Plaque de Heurtoir en fer gravé.

420 — Anneau de tirage de forme ronde en fer ciselé
sur platine unie découpée à jours.

420 *bis* — Grande Platine de Heurtoir à entrelacs et
feuilles en fer découpé et gravé.

421 — Poignée en fer, ornée d'une rosace gravée.

421 *bis* — Grande Applique pour Heurtoir en fer découpé et gravé.

                                                  xviie siècle.

422 — Poignée en fer festonné à la lime.

422 *bis* — Grande Applique pour Heurtoir en fer découpé et gravé.

                                                  xviie siècle.

APPLIQUES,

PLATINES ET ENTRÉES DE SERRURES

Des XVIe, XVIIe et XVIIIe Siècles.

423 — Grande Applique de Heurtoir en fer découpé
uni.

                                                  xviie siècle.

424 — Grande Applique de Heurtoir en fer découpé à
jours, relevé et gravé.

                                                  xvie siècle.

425 — Très riche **Platine de Heurtoir** découpé à jours
en forme de palmette en fer repoussé.

xviie siècle.

426 — Grande **Platine de bouton**, en forme de rosace
ovale, en fer repercé et repoussé.

xvie siècle.

427 — **Deux Appliques** en forme de rondache, découpées à jours.

428 — Deux **Figures de Sirènes** en contrepartie, fer
repoussé et ciselé.

429 — Platine de Bouton de porte, de forme carrée, en
fer découpé à jours et gravé.

430 — Platine de Bouton de porte à quatre fleurons,
découpé.

431 — Deux platines longues en fer uni découpé.

432 — Platine en fer découpée et gravée avec les lettres
C A en gothique.

433 — Platine de bouton découpée à jours.

434 — Platine longue de bouton découpée à jours.

435 — Platine longue pour bouton découpée à jours.

436 — Platine longue de bouton découpée à jours.

437 — Platine longue de bouton découpée à jours.

438 — Platine longue de bouton découpée à jours et gravée.

439 — Platine longue de verrou découpée à fleurons.

440 — Platine longue de verrou découpée à fleurs de lys.

441 — Platine de verrou en fer découpé.

442 — Petite platine de verrou découpée en entrelacs.

443 — Petite platine de verrou découpée à fleurons.

444 — Platine longue de verrou découpée à jours à fleurons.

445 — Platine longue de verrou découpée à jours avec chanfrein.

446 — Platine longue de verrou découpée à jours.

447 — Platine longue de verrou découpée.

448 — Platine longue de verrou découpée en entrelacs.

449 — Plaque en fer repoussé et ciselé dans le style de la Régence.

450 — Platine de bouton de porte, à quatre fleurons découpés et gravés.

451 — Platine de bouton de porte, à quatre fleurons unis.

452 — Équerre, à fleurs de lys, découpée et gravée.

453 — Poussette de loqueteau sur Platine découpée et gravée.

454 — Platine de bouton formée par une rosace de dix feuilles, découpées et gravées.

xvie siècle.

455 — Platine de bouton formée par six culots reliés en rosace, découpés et gravés.

456 — Deux Platines de Heurtoirs en fer, repoussé et gravé.

457 — Poucette de loqueteau, en fer gravé et découpé.

458 — Platine ronde pour bouton, en fer plein et dentelé.

459 — Platine de Heurtoir, rosace à cinq feuilles découpées et gravées.

xvie siècle.

460 — Platine de bouton, rosace à quatre feuilles, découpées et repoussées.

461 — Platine de bouton, de forme carrée, composée de 4 fleurons à jours et repoussés.

462 — Grande Rosace en fer poli, à 4 feuilles, découpées et gravées.

463 — **Deux Pentures de porte, en fer découpé et gravé, en forme de Marguerites.**

464 — Deux Pentures de porte, en fer découpé et gravé à palinettes.

465 — Deux grandes Pentures, en fer découpé et gravé, en forme de plumetis.

466 — Deux Pentures de porte en **fer**, découpé et gravé, à feuilles.

467 — Cinq pentures de porte de formes différentes en fer gravé.

468 — Cinq pièces pour garniture de porte, fer repoussé et gravé.

469 — Quatre pièces de garniture de porte à charnière en fer gravé et étamé.

470 — Deux Rosaces découpées à jours formant charnière.

471 — Six feuilles en fer découpé et relevé au marteau pour garniture de porte.

472 — Grande entrée de clef en fer découpé et gravé
avec rinceaux à jours.

Provient de l'Hôtel de Sens à Paris.

473 — Applique en bronze ciselé ornée de console
corps de femme et de deux mascarons.

xviie siècle.

474 — Entrée de serrure forme longue découpée et
gravée.

475 — Quatre entrées de serrure découpées à jours et
gravées.

476 — Petite entrée longue.

477 — Entrée de serrure sur platine carrée ornée de
palmettes découpées.

478 — Entrée de service unie découpée à jours.

479 — Entrée de serrure en fer découpé et gravé.

480 — Quatre Entrées de serrures de meubles, très
finement ajourées et gravées, avec têtes de faunes
opposées.

xviie siècle.

481 — Entrée de serrure en fer repoussé et ciselé, avec
personnages, rinceaux et mascaron, dans le goût de
la Renaissance.

482 — Entrée de clef en fer repoussé et ciselé, consoles
à têtes d'aigles.

XVIIe siècle.

483 — Deux Entrées longues en fer découpé.

484 — Deux Entrées découpées, à têtes d'aigles, en fer
fort à chanfrein.

485 — Deux Entrées longues à rinceaux, en fer découpé
à jours et arrondi.

486 — Platine de bouton, longue, découpée à grecques.

487 — Entrée de clef découpée à entrelacs.

488 — Quatre Entrées de serrure en fer mince découpé
à têtes de coq.

489 — Une Entrée de serrure en fer découpé, à tête de
cygne.

490 — Une Entrée de serrure découpée et gravée en
forme de queues de dauphins.

491 — Platine longue en fer découpé à jours.

492 — Platine pour coulisse de verrou, de forme
oblongue, découpée et gravée.

493 — Entrée de serrure ovale, à fleurons, fer découpé à jours.

494 — Trois Entrées de serrure découpées à jours et gravées.

495 — Trois Entrées de serrure une en long, deux en travers, en fer découpé avec décor pris sur pièce.

496 — Deux Entrées de serrure en hauteur, découpées en grecque.

DIVERSES PIÈCES DE SERRURERIE

Des XVIe, XVIIe et XVIIIe Siècles

498 — Très curieuse Plaque à contours et fleurs de lys, avec cache-entrée, pour coffre de sûreté.

Le centre est occupé par une rosace ronde avec un œil humain gravé; elle pivote sur un axe excentrique pour découvrir l'entrée; autour et dans un champ circulaire une ronde de femmes ciselées en plein fer et argentées sur un fond d'or.

L'encadrement et les quatre fleurs de lys sont ornés de feuilles et de fleurons également ciselés en plein fer sur fond doré.

499 — Grand Coffre de sûreté en fer à deux moraillons
pour cadenas et serrure à cinq pènes dans le couvercle; grosse clef à barrette.

> L'extérieur de ce coffre, tout en fer, est peint et
> décoré de fleurs dans le goût des vernis de Martin.
>
> xviiie siècle.

500 — Deux beaux Fleurons de grille en fer forgé et
relevé.

> Proviennent de Notre-Dame de Paris.

501 — Boîte à poids en fer, ornée de gravures en forme
d'arabesques avec une figure de Mercure sonnant de
la trompe, sur le pourtour du couvercle, une frise
avec un mascaron.

> xviie siècle.

502 — Petite Serrure apparente à pène et bec de canne
pour petit meuble, la face ornée d'arabesques gravées sur fond d'or.

503 — Petite Serrure de meuble, la contre-plaque découpée en fleur de lys et dorée.

504 — Grille circulaire en fer forgé à volutes.

505 — Petite Vertevelle à tirette taillée en feuille d'eau.

5o6 — Petit guichet à voleur avec grille quadrillée.

5o7 — Plateau de fer à repasser avec lyre centrale découpée à jours.

5o8 — Spéculum en fer.

xviiie siècle.

Petite Presse à vis, en fer ciselé.

xviiie siècle.

5o9 — Poignée d'Espagnolette, en fer gravé et travaillé, dans la partie ajourée, on voit deux clefs entrecroisées par une épée.

51o — Deux Crochets d'Espagnolette en fer, découpé et gravé.

511 — Loqueteau à poignée, en forme de balustre et terminé par une volute.

512 — Poignée d'Espagnolette très finement travaillée à la lime, avec bouton embase et Rosace gravés.

xviiie siècle.

513 — Espagnolette avec un de ses pivots et son crochet, en fer ajouré et gravé.

xviiie siècle.

514 — Garniture pour Gaine de coutelas en fer, très finement gravé.

XVIIe siècle.

515 — Deux Cadenas de geôle, pour prisonnier avec entrée de clef sur le côté.

516 — Enorme Cadenas à boucle, avec clef à grand anneau, fer uni.

517 — Vingt Boucles en fer, découpé et gravé.

518 — Chaîne à maillons articulés.

519 — Sous ce numéro et les suivants. — Les Objets non compris dans le présent Catalogue.

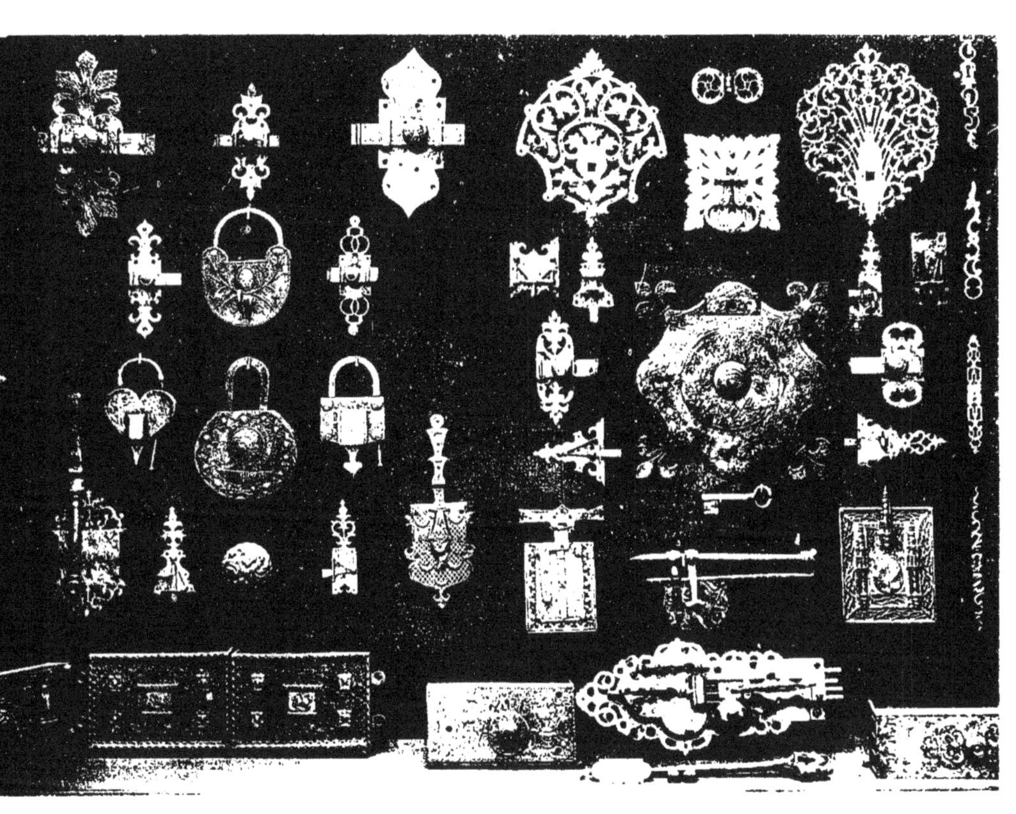

VERROUS, SERRURES ET CADENAS, FER FORGE ET GRAVE, XVIIIe ET XIXe SIECLES

www.ingramcontent.com/pod-product-compliance
Ingram Content Group UK Ltd.
Pitfield, Milton Keynes, MK11 3LW, UK
UKHW031827170726
13836UKWH00004B/1527